©Éditions Tossou 2026

Contact: leseditions.tossou@gmail.com

Toute reproduction ou représentation intégrale ou partielle, par quelque procédé que ce soit, du texte et/ou de la nomenclature contenus dans le présent ouvrage, et qui sont la propriété de l'éditeur, est strictement interdite.

1 Crédit photo ISTOCK 2220949232

Bible utilisée, Nouvelle Version Segond Révisée, Alliance Biblique Universelle, 2014.

Loi n° 49-956 du 16 juillet 1949 sur les publications destinées à la jeunesse

ISBN 978-2-489134-00-1

Dépôt légal : avril 2026

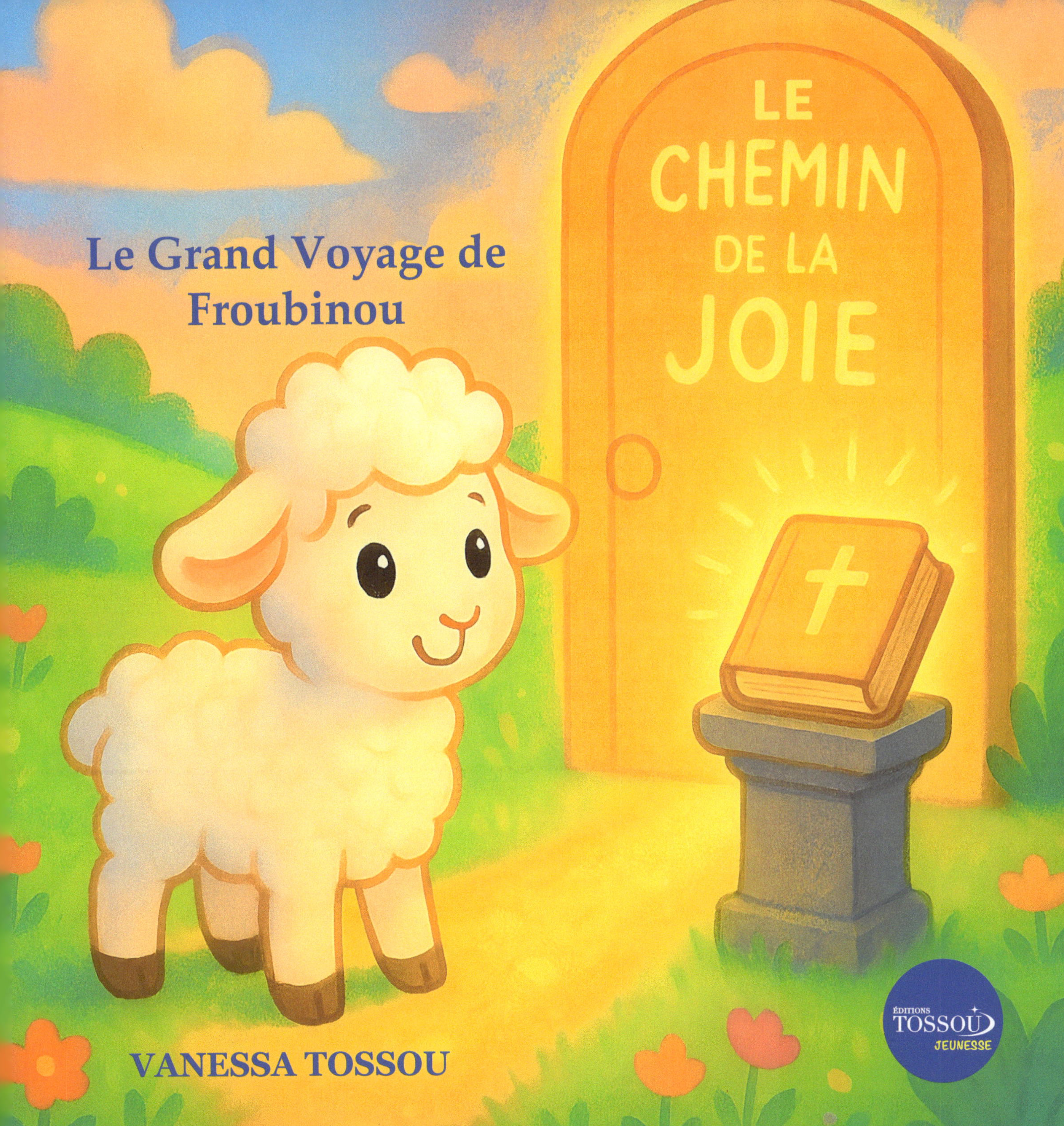
Le Grand Voyage de
Froubinou
LE
CHEMIN
DE LA
JOIE
VANESSA TOSSOU
ÉDITIONS
TOSSOU
JEUNESSE

Avant propos

Ce livre est né d'un désir simple et profond : que chaque enfant puisse connaître Dieu non seulement avec sa tête, mais surtout avec son cœur.

À travers les pas de Froubinou sur le Chemin de la Joie, les enfants sont invités à découvrir que Dieu est présent dans leur quotidien, dans leurs émotions, leurs questions, leurs joies comme dans leurs peurs.

Pensé pour les enfants de 3 à 10 ans, ce livre respecte leur rythme, leur langage et leur monde intérieur, en s'appuyant sur la Bible comme une lumière douce et sûre pour les guider.
Il se veut aussi un soutien pour les parents et les moniteurs d'église, appelés à accompagner les plus jeunes dans leur croissance spirituelle, grâce à des repères clairs et des outils simples à vivre au quotidien.

Si, au fil de ces pages, un enfant apprend à parler à Dieu avec confiance, à reconnaître Sa paix et à ouvrir sa Bible avec joie, alors le Chemin de la Joie aura accompli sa mission.
Avec toute mon affection.

Vanessa TOSSOU

Table des matières

L'allée des émotions

Psaume 139:2 *«Tu sais quand je m'assieds et quand je me lève; Tu comprends de loin ma pensée.»*

Froubinou arrive sur un sentier rempli de fleurs colorées. Il choisit la fleur qui ressemble à ce qu'il ressent.

Il se souvient : «Dieu connaît chaque émotion de mon cœur.» Son cœur se calme, et le chemin s'illumine sous ses pas.

Actions

— Dire : «Aujourd'hui, je me sens...» (nommer l'émotion)
— Faire une petite grimace d'émotion.

JOIE

TRISTESSE

PEUR

CALME

COLÈRE

La cachette du cœur serein

Josué 1:9 *«Ne t'effraie pas et ne t'épouvante pas car l'Éternel, ton Dieu, est avec toi partout où tu iras.»*

Le vent souffle fort, et **Froubinou** se sent inquiet.

Trois petites portes s'ouvrent devant lui.

Il choisit celle qui lui rappelle que Dieu l'accompagne toujours.

Son cœur s'apaise; il peut alors poursuivre son chemin.

Action
Que choisis-tu pour retrouver la paix?

La montagne confiance

Psaume 28:7 *«L'Éternel est ma force et mon bouclier.»*

Une colline se dresse devant Froubinou. Il pense qu'il n'y arrivera pas.

Chaque marche porte une parole :

«Dieu me donne sa force.»

«Je continue de croire.»

Dans sa tête, il se dit : «Jésus me donne la force pour avancer.»

Son cœur devient courageux.

Froubinou arrive au sommet.

Il remercie Dieu de l'avoir aidé.

Actions

— Dire : «J'essaie encore.»

— Ne pas oublier que Jésus est avec toi, dans la situation, et qu'il va t'aider.

Dieu
me donne
sa force.
Je continue
de croire.

Le jardin de la patience

Psaume 40:2 *«J'avais mis en l'Éternel mon espérance; Et il s'est incliné vers moi, il a écouté mon cri.»*

Froubinou a planté une petite graine.
Il regarde la terre... rien ne bouge.
Il voudrait que la fleur pousse tout de suite.

Pour aider la graine, Froubinou arrose tout doucement.
Puis il chuchote : «Je peux attendre.»
Quand il fait cela avec calme, un tout petit bourgeon apparaît. Puis, il dit :
«Dieu fait grandir les choses au bon moment.»

Action

Planter une graine et l'arroser chaque jour avec douceur.

La forêt du partage

Actes 20:35 *«... Il y a plus de bonheur à donner qu'à recevoir.»*

Froubinou trouve beaucoup de pommes rouges.
Certaines lui échappent des pattes.
Il se souvient : «Il y a plus de joie à donner qu'à recevoir.»

Il en donne une aux écureuils.
Son cœur brille.

Le chemin devient de plus en plus beau.
Partager, rend le cœur joyeux.

Actions

– Donner un cadeau à quelqu'un.
– Partager ses jouets avec ses amis, son frère ou sa sœur.

Le chemin de la douceur

Proverbes 15:1 *«Une réponse douce calme la fureur...»*

Un petit nuage gris suit **Froubinou**.

Il fronce les sourcils, son cœur se serre un peu.

Une parole de la Bible lui revient dans le cœur :

«La douceur apaise la colère.»

Il respire lentement, secoue ses oreilles et murmure :

«Je choisis la paix.»

Le nuage pâlit, la lumière revient sur le chemin.

Actions

– Respirer quand la colère monte.
– Dire doucement : «Je choisis la paix, car Jésus me donne sa paix.»

La colline de joie

Néhémie 8:10 *«… la joie de l'Éternel est votre force.»*

Froubinou se sent tout mou. Il ne sait pas pourquoi.
Il se rappelle : «La joie du Seigneur remplit mon cœur.»

Des bulles colorées s'envolent.
Il touche les bulles les plus brillantes.
Elles éclatent en lumière.
Il rit, il saute.
Son cœur devient léger.
Il avance joyeusement.
Un chemin doré apparaît.

Actions

— Sauter trois fois en disant : «Youpi!» tout en pensant à quelque chose que l'on aime.
— Observe la création de Dieu : le ciel, les oiseaux, les nuages…

Le sentier de la vérité

Psaume 119:105 *«Ta parole est une lampe à mes pieds. Et une lumière sur mon sentier.»*

Froubinou a fait tomber un pot de graine sans faire exprès. Il ne veut pas se faire gronder.
Il ne sait pas quoi faire.
Trois portes sont devant lui.
La vérité... Se cacher... Changer de sujet.

Froubinou choisit de dire la vérité et ouvre la bonne porte.
Les autres restent fermées.
La lumière revient quand il dit la vérité.
Derrière la porte, un village apparaît.

Action

Dire la vérité chaque jour, même quand c'est difficile.

La vérité
Se cacher
Changer de sujet

Le village de la gentillesse

1 Jean 3:18 *«Petits enfants, n'aimons pas en parole ni avec la langue, mais en action et en vérité.»*

Un petit oiseau est posé au sol, très fatigué.
Froubinou s'approche doucement pour l'aider.
Il partage un peu de pain.
Il apporte de l'eau fraîche.

Froubinou se rappelle : «Aimer, c'est aider.»

L'oiseau reprend son envol.
Froubinou continue, heureux.

Actions

–Aider maman ou papa à ranger à la maison.
–Dire un mot gentil à son frère ou à sa sœur.

La porte de l'écoute

Proverbes 4:20 *«Mon fils, sois attentif à mes paroles, Tends l'oreille à mes discours.»*

Beaucoup de bruit entoure Froubinou, et il se sent troublé.

Il ferme les yeux, écoute un son, puis une mélodie.

Dans son cœur, Froubinou comprend que Dieu parle sans cesse, et que, lorsque l'on devient calme à l'intérieur, il est plus facile d'entendre sa voix, même au milieu du bruit.

Le calme ouvre son cœur… et la porte s'illumine.

Actions

– Faire un temps de silence.
– Fermer les yeux quelques secondes.
– Dire doucement : «Seigneur, j'écoute.»

La victoire

Froubinou sort du labyrinthe et saute de joie : il a gagné!
Une grande lumière en forme de cœur entoure Froubinou.

Message pour l'enfant

Toi aussi, tu as gagné!
Lis ta Bible souvent : elle t'aidera chaque jour à faire les bons choix.

"Dieu promet joie, paix et protection à ceux qui gardent Ses commandements."

ANNEXE 1 — GUIDE POUR LES PARENTS & MONITEURS

Accompagner l'enfant (de trois à dix ans) dans Le Chemin de Joie.

Cette annexe aide l'adulte à relier chaque étape vécue avec Froubinou à un besoin spirituel essentiel de l'enfant. Les chapitres du livre ne sont pas seulement des histoires : ils deviennent des outils simples pour faire grandir le cœur de l'enfant au quotidien.

1. Se sentir connu et aimé de Dieu

Besoin clé : Découvrir que Dieu connaît et aime personnellement l'enfant.

Chapitre associé : L'allée des émotions

L'enfant apprend que toutes ses émotions sont connues de Dieu. Dire ce qu'il ressent, faire une grimace, choisir une fleur : tout l'aide à comprendre qu'il peut être vrai devant Dieu sans peur.

Rôle de l'adulte : Accueillir l'émotion sans la corriger. Dire simplement : «Dieu sait ce que tu ressens et Il t'aime.»

2. Trouver la paix et la sécurité en Dieu

Besoin clé : Être rassuré et protégé.

Chapitre associé : La Cachette du Cœur serein

Face à l'inquiétude, Froubinou choisit la présence de Dieu. L'enfant apprend qu'il peut retrouver la paix par un choix simple.

Rôle de l'adulte : Nommer la peur, puis rappeler calmement : «Dieu est avec toi.»

3. Recevoir la force et la confiance pour avancer

Besoin clé : Apprendre que Dieu aide quand c'est difficile.

Chapitre associé : La Montagne Confiance
Chaque marche rappelle une vérité simple : Dieu donne la force.
L'enfant comprend qu'il peut essayer encore.
Rôle de l'adulte : Encourager l'effort plutôt que le résultat. Valoriser la persévérance.

4. Apprendre la patience et le temps de Dieu

Besoin clé : Comprendre que tout ne vient pas tout de suite.
Chapitre associé : Le Jardin de la patience
La graine qui pousse lentement rend visible le temps de Dieu, adapté à l'enfant.
Rôle de l'adulte : Montrer que l'attente peut être calme et confiante.

5. Découvrir la joie de donner et de partager

Besoin clé : Grandir dans la générosité.
Chapitre associé : La forêt du Partage
Partager rend le cœur joyeux et le chemin plus beau.
Rôle de l'adulte : Valoriser chaque geste de partage, même petit.

6. Choisir la douceur et la paix

Besoin clé : Apprendre à gérer la colère.
Chapitre associé : Le Chemin de la Douceur
Respirer, parler doucement, choisir la paix : l'enfant découvre une autre réponse possible.
Rôle de l'adulte : Montrer l'exemple par une voix calme et des gestes doux.

7. Vivre la joie comme une force

Besoin clé : La joie du Seigneur rend fort. Chapitre associé : La Colline de joie. La joie est vécue avec le corps : sauter, rire, sourire.

Rôle de l'adulte : Encourager l'expression joyeuse et la gratitude quotidienne.

8. Comprendre l'importance de la vérité

Besoin clé : Dire la vérité éclaire le chemin et ouvre la bonne porte.

Chapitre associé : Le sentier de la Vérité

Rôle de l'adulte : Rassurer l'enfant : la vérité apporte la lumière, pas le rejet.

9. Apprendre à aimer par des actions

Besoin clé : Comprendre la gentillesse concrète.

Chapitre associé : Le Village de la gentillesse

Aider, partager, prendre soin : aimer se vit en actes simples.

Rôle de l'adulte : Mettre en valeur les gestes d'amour au quotidien.

10. Apprendre à écouter Dieu

Besoin clé : Découvrir le calme et l'écoute intérieure.

Chapitre associé : La Porte de l'écoute

Le silence intérieur ouvre le cœur. L'enfant apprend que Dieu parle en tout temps.

Rôle de l'adulte : Créer de courts moments de silence paisible.

Message final — La Victoire

L'enfant comprend qu'il n'est jamais seul : la Parole de Dieu guide

son chemin.
Rôle de l'adulte : Rappeler souvent que marcher avec Dieu apporte joie, paix et protection.

ANNEXE 2 — 10 Activités familiales chrétiennes

1. Un temps de prière du soir avec une phrase simple à répéter.

2. Lire une histoire biblique illustrée chaque semaine.

3. Fabriquer un carnet de gratitude familial.

4. Faire un dessin de «Dieu me protège» à afficher dans la chambre.

5. Chanter un cantique ou chanson chrétienne au réveil.

6. Jouer à mimer des scènes positives tirées de la Bible.

7. Créer un pot de gentillesse où chacun dépose des petits mots.

8. Faire une marche en nature en parlant des créations de Dieu.

9. Organiser un mini-culte familial du dimanche matin.

10. Construire un puzzle biblique ou une activité manuelle inspirée

d'un passage.

Nous nous engageons pour la protection de l'environnement.
Ce livre a été imprimé en respectant les règles de la biodiversité.

www.ingramcontent.com/pod-product-compliance
Lightning Source LLC
LaVergne TN
LVHW070203110826
845147LV00002B/486

* 9 7 8 2 4 8 9 1 3 4 0 0 1 *